Para

com votos de paz.

DIVALDO FRANCO
PELO ESPÍRITO
JOANNA DE ÂNGELIS

VIVER E AMAR

SALVADOR
6. ED. – 2023

©(1985) Centro Espírita Caminho da Redenção
Site: https://mansaodocaminho.com.br
Edição: 6. ed. – 2023
Tiragem: 3.000 exemplares (milheiros: 44.500)
Coordenação editorial: Lívia Maria C. Sousa
Revisão: Adriano Ferreira • Lívia Maria C. Sousa
Capa: Cláudio Urpia
Editoração eletrônica: Ailton Bosco
Coedição e publicação: Instituto Beneficente Boa Nova

PRODUÇÃO GRÁFICA
LIVRARIA ESPÍRITA ALVORADA EDITORA – LEAL
E-mail: editora.leal@cecr.com.br
DISTRIBUIÇÃO: INSTITUTO BENEFICENTE BOA NOVA
Av. Porto Ferreira, 1031, Parque Iracema. CEP 15809-020
Catanduva-SP.
Contatos: (17) 3531-4444 | (17) 99777-7413 (WhatsApp)
E-mail: boanova@boanova.net
Vendas on-line: https://www.livrarialeal.com.br

Dados Internacionais de Catalogação na Publicação (CIP)
(Catalogação na fonte)
BIBLIOTECA JOANNA DE ÂNGELIS

FRANCO, Divaldo Pereira. (1927)

Viver e amar. 6. ed. / Pelo Espírito Joanna de Ângelis [psicografado por] Divaldo Pereira Franco, Salvador: LEAL, 2023.
128 p.
ISBN: 978-65-86256-30-7

1. Espiritismo 2. Meditação 3. Psicografia
I. Divaldo Franco II. Título

CDD: 133.93

Bibliotecária responsável: Maria Suely de Castro Martins – CRB-5/509

DIREITOS RESERVADOS: todos os direitos de reprodução, cópia, comunicação ao público e exploração econômica desta obra estão reservados, única e exclusivamente, para o Centro Espírita Caminho da Redenção. Proibida a sua reprodução parcial ou total, por qualquer meio, sem expressa autorização, nos termos da Lei 9.610/98.
Impresso no Brasil | Presita en Brazilo

SUMÁRIO

Viver e amar   7

1. Presença do amor   11

2. Indulgência permanente   15

3. Silêncio e consciência   21

4. Estabilidade emocional   25

5. Tenta o amor   31

6. Mantém o otimismo   37

7. Formas de ver   43

8. Escravo por opção   49

9. Companhia do amor	55
10. Atitude silenciosa	61
11. O reverso	69
12. Não te detenhas	75
13. Carma de solidão	79
14. Oração plenificadora	85
15. Erro e reabilitação	91
16. Fracasso pela dúvida	99
17. Sempre em paz	105
18. Discernir e agir	109
19. Porta de acesso à vida	115
20. Natal de ação	123

Viver e amar

Após o fatalismo biológico, a vida estua em plenitude.

O Espírito, ser preexistente ao corpo somático e a ele sobrevivente, é o modelador das necessidades evolutivas, no rumo da felicidade para a qual foi criado.

Veste e despe a matéria terrestre, encetando e concluindo experiências, mediante as quais progride sempre e incessantemente, mesmo quando se equivoca e se compromete, pois que retorna ao educandário para a fixação dos valores não aproveitados, embora experimentando a injunção do sofrimento.

◆

O amor é a causa da vida.

Viver e amar são, portanto, termos idênticos da equação existencial.

Gerada pelo Amor de Deus, a vida avança graças às conquistas que o amor de plenitude propicia.

Quando o amor a comanda, esta alcança o finalismo a que se destina.

Viver é proposta desafiadora para o amor.

Amar significa mergulhar no universo das realizações superiores.

◆

No momento em que o homem se apresenta em carência de vária ordem, gerada pela falta de amor, propomos alguns temas que reunimos neste pequeno livro, com o objetivo de diminuir a solidão, a angústia, as inquietações e o sofrimento, em convite urgente para bem se viver e se amar.

Não trazemos qualquer fórmula mágica, nem pretendemos reverter a ordem natural dos acontecimentos. Antes almejamos repetir conceitos esquecidos, repisar questões desconsideradas, retornar a propostas supostamente ultrapassadas para que se opere, em quem os leia, a transformação íntima para melhor, sob os auspícios da vida e do amor.

Como a legião dos amargurados é muito grande, e crescente o número dos que se dizem decepcionados com a vida e o amor, a eles dedicamos nossas páginas, na esperança de que reconsiderem as conclusões apressadas e as atitudes pessimistas, passando a viver com amor, a amar para viver nos padrões do Evangelho que a ética espírita confirma e dinamiza, na condição de diretriz única para a aquisição da felicidade real.

Aqui estão, portanto, leitor amigo, nossas reflexões e pensamentos, que te dirigimos com carinho, anelando para que te produzam o salutar efeito que a nós própria nos facultou.

Viver e amar, eis o desafio do momento. Aceita-o e plenifica-te.

Salvador, 13 de fevereiro de 1985.
Joanna de Ângelis

1
Presença do amor

O amor – alma da vida – é o hálito divino a espraiar-se em toda parte, manifestando a Paternidade de Deus.

Onde quer que se expresse, imanta quantos se lhe acercam, modificando a estrutura e a realidade para melhor.

✦

No amor se encontram todas as motivações para o progresso, emulando ao avanço, na libertação dos atavismos que, por enquanto, predominam em a natureza humana.

Por não se identificar com o amor, na sua realização incessante, a criatura posterga a conquista dos valores que a alçam à paz e a engrandecem.

✦

Sem o amor se entorpecem os sentimentos, e a marcha da sensação para a emoção torna-se lenta e difícil.

Em qualquer circunstância o amor é sempre o grande divisor de águas.

Vivendo-o, Jesus modificou os conceitos então vigentes, iniciando a Era do Espírito Imortal, que melhor expressa todas as conquistas do pensamento.

Se te encontras sob a alça de mira de injunções dolorosas, sofrendo incompreensões e dificuldades nos teus mais nobres ideais, não te abatas, ama.

A noite tempestuosa e sombria não impede que as estrelas brilhem acima das nuvens borrascosas.

◆

Se o julgamento descaridoso te perturba os planos de serviço, intentando descoroçoar-te, mediante o ridículo que te imponham, mesmo assim, ama.

O sarçal, aparentemente amaldiçoado, no momento oportuno abre-se em flor.

Se defrontas a enfermidade sorrateira que intenta dominar as tuas forças, isolando-te no leito da imobilidade e reduzindo as tuas energias, renova-te na prece e ama.

O deserto de hoje foi berço generoso de vida, e pode, de um momento para outro, sob carinhoso tratamento, reverdecer-se e florir.

◆

O amor é bênção de que dispões em todos os dias da tua vida, para avançares e conquistares espaços no rumo da evolução.

Não te canses de amar, sejam quais forem as circunstâncias, por mais ásperas se te apresentem.

A Doutrina de Jesus, ora renascida no pensamento espírita, é um hino-ação de amor, assinalando a marcha do futuro através das luzes da razão unida à fé, em consórcio de legítimo amor.

2
Indulgência permanente

Escasseia, cada vez mais, no comportamento humano, a indulgência.

Relevante para o êxito da criatura em si mesma e em relação ao próximo, o pragmatismo negativo dos interesses imediatos vem, a pouco e pouco, desacreditando-a, deixando-a à margem.

◆

Sem a indulgência no lar, diante das atitudes infelizes dos familiares ou em referência aos seus equívocos, instala-se a malquerença; na oficina de atividades comerciais, produz a desconfiança; no trato social, propicia o desconforto moral e responde pela competição destrutiva...

Tentando substituí-la, as criaturas imprevidentes colocam nos lábios a mordacidade no trato com o semelhante, a falsa superioridade, a ofensa frequente, a hipocrisia em arremedos de tolerância.

◆

A indulgência para com as faltas alheias é a perfeita compreensão da própria fragilidade, a refletir-se no erro de outrem, entendendo que todos necessitam de oportunidade para recuperar-se, e facultando-a sem assumir rígido comportamento de censor ou injustificável postura de benfeitor.

◆

A indulgência é um sentimento de humanidade que vige em todas as pessoas, aguardando desdobramento e vitalidade que somente o esforço de cada qual logra realizar.

É calma e natural, fraterna e gentil, brotando como linfa cristalina ao alcance do sedento.

Generosa, não guarda qualquer ressentimento, olvidando as ofensas a benefício do próprio agressor.

◆

A indulgência é um ato de amor que se expande e de caridade que se realiza.

Mede-se a conquista moral de um homem pelo grau de indulgência que possui em relação aos limites e erros alheios.

◆

Ninguém que jornadeie no mundo sem errar e que, por sua vez, não necessite da indulgência daqueles a quem magoa ou contra os quais se levanta.

A indulgência pacifica o infrator, auxiliando-o a crescer em espírito, e abre áreas de simpatia naquele que a proporciona.

Virtude do sentimento, a indulgência revela sabedoria da razão.

◆

Agredido pela ignorância do poviléu, ou pela astúcia farisaica, ou pela covardia dos amigos, ou pela pusilanimidade de Pilatos, Jesus foi indulgente para com todos, não obstante jamais houvesse recebido ou necessitasse da indulgência de quem quer que fosse.

Lecionando o amor, toda a Sua Vida é um hino à indulgência e uma oportunidade de redenção ao equivocado.

✦

Sê, pois, tu também indulgente em relação ao teu próximo, quão necessitado te encontras da indulgência dos outros, assim como da Vida.

3
Silêncio e consciência

O silêncio interior resulta da tranquilidade emocional que a vontade bem dirigida imprime no comportamento do homem.

Sem essa quietação íntima, muitas realizações permanecem inconclusas ou são terminadas com precipitação, portanto, imperfeitamente.

O correto direcionamento das aspirações, o exercício da prece, a reflexão em torno das leituras edificantes geram o clima psíquico indispensável para a harmonia interna.

Mediante essa conquista, desanuvia-se a área dos sentimentos retos, que elegem valores expressivos e duradouros, capazes de sobreviver ao desgaste do tempo e às variações emocionais.

◆

Com o silêncio íntimo, os estados de consciência se tornam valiosos mecanismos de progresso.

Durante a lucidez o homem educa-se, disciplina-se, cumpre deveres, conquista espaços evolutivos.

Na fase do sono, porque liberado das paixões mais primitivas, desgarra-se, parcialmente, das roupas físicas e aprende com abnegados instrutores que o promovem, levando-o a apreender em definitivo as finalidades da vida, a fim de entregar-se sem reserva a essa conquista.

Há homens que, no estado de consciência lúcida, continuam dormindo, anestesiados pelos tóxicos que expelem, como efeito daquilo que cultivam...

Quando em sono, padecem, agredidos por malfeitores espirituais com os quais se afinizam e se mesclam.

♦

Reserva-te a alegria de manter-te sempre lúcido, em qualquer estado de consciência.

♦

Aprofunda a mente nos objetivos essenciais da tua existência e silencia teus tormentos, canalizando forças para a tua paz.

Jesus, invariavelmente, após as estafantes realizações, *fugia* das multidões insaciáveis e fazia silêncio, buscando, na oração, a plenitude com Deus.

4
Estabilidade emocional

A estabilidade emocional é o efeito da convicção íntima do homem, que assim expressa a segurança de fé e de ideal que esposa.

Efeito de reflexões e convicção, manifesta-se, exteriormente, numa linha de conduta tranquila, sem altos nem baixos, apesar das injunções da marcha evolutiva.

Vencendo os *bolsões* do medo defluente dos erros do passado próximo ou recuado, o cultivo de propósitos de elevação com a consequente adesão a um trabalho desvelador dos anseios agasalhados no íntimo não sofre as oscilações tormentosas do meio ambiente onde se movimenta.

Suporta pressões e enfrenta facilidades com a mesma atitude, não derivando para excessos ou extravagâncias.

◆

Quando o homem se conscientiza da sua missão, do seu dever na Terra, tem uma meta pela frente e avança para alcançá-la.

Não se detém, nem se apressa com exacerbação de ânimo.

Marcha, com passo firme, conquistando, palmo a palmo, o terreno, evitando alarde e comoção nos outros.

Atua com serenidade, em razão das certezas de que se acha possuído, nas realizações que empreende.

◆

Pergunta-se o que desejas da vida, como o queres, para que o anelas.

Avalia o conteúdo da tua aspiração e confronta-o com o programa do Evangelho.

Define-te pelo mais lógico, reflexionando em torno do tempo que passou e da sementeira que realizaste, assim como da colheita já conseguida.

Se te sentires confuso, em dificuldade de seleção para eleger o melhor, ora, buscando a inspiração superior, e perceberás o que é verdadeiro e mais duradouro para ti, qual o método a seguir e para que o conseguirás.

◆

A tua instabilidade emocional requer tratamento de profundidade.

Inicia-o dentro de ti mesmo, renovando os teus painéis mentais, ainda sombreados, e assumindo o compromisso de lutar, com todo o empenho, para superar a injunção dolorosa, a fim de conseguires o equilíbrio.

Se o desejares realmente, conseguirás.

Não aguardes o amanhã, nem postergues a ação para o futuro.

O teu momento começa agora. Depois será sempre mais difícil, estarás mais combalido e mais temeroso.

Dá, portanto, primazia a este programa, a partir de já, e te sentirás melhor, em pleno amanhecer de um novo estado, que é o da tua estabilidade emocional.

5
Tenta o amor

Ninguém sintetizou, com igual sabedoria, a regra áurea da felicidade, como Ele o fez.

Todos quantos lideraram as massas agarraram-se ao poder e à dominação arbitrária.

Desfilaram guindados ao êxito transitório, carregados pela falácia e ricos de presunção.

Ergueram-se como construtores de impérios e governaram discriminatoriamente, mais temidos que amados.

Filósofos que O anteciparam, trazendo ardentes na alma as flamas do bem e do ideal, inscreveram em estelas de pedra, em pergaminhos e peles de animais, tijolos de barro cozido e papiros as instruções para a libertação das consciências e dos corações.

No entanto, os seus mais excelentes excertos não lograram penetrar fundo no imo das criaturas.

Ele, não!

Viveu ensinando pelo exemplo, pacífico e pacificador, amando sempre.

Estatuiu o amor como sendo o zênite e o nadir da Vida e, ao fazê-lo, mudou as estruturas da ética, da cultura e da civilização.

Jesus dividiu a história e fez, marco limítrofe de todos os tempos, o amor, que é a origem, o meio e o fim de todas as realidades, de todas as vidas.

✦

O homem, na sua faina de crescer e de conquistar, vem dilatando os espaços e preenchendo-os com guerras e desolações, lutas e ambições.

Fascinado pelo poder, venceu as distâncias, acumulou ouropéis e caminha, por isso mesmo, vitimado pelo tormento da *egoesclerose* que o enlouquece.

Só o amor é-lhe a terapêutica ideal, que até agora tem recusado com espírito de sistema e de presunção.

♦

Combalido e triste nas lutas do teu cotidiano, entre dissabores e amarguras, tenta o amor.

♦

Sobrecarregado de dores e anátemas, a sós na multidão e vergastado pela sandice, sem uma saída aparentemente feliz, tenta o amor.

♦

A um passo do desespero, sentindo-te estiolado e perdido, para e tenta o amor.

♦

Em qualquer circunstância e ocorrência, por mais sombrias se te apresentem, tenta o amor, espargindo-o como pólen de luz, e o amor te responderá, em paz e beleza, tudo quanto ensementares nos outros corações.

✦

Haja, portanto, o que houver, não revides mal por mal, desejando e fazendo ao teu próximo todo o bem que desejares que ele te faça.

Descobrirás que o amor ao próximo, efeito imediato e mais urgente do amor a Deus e a si próprio, é a regra de ouro, a solução para todos os quesitos do pensamento universal.

✦

Faze, portanto, como Jesus e jamais te cansarás de tentar o amor, até que ele domine soberano em teu coração.

6
Mantém o otimismo

Este companheiro desalentado talvez tenha lutado à exaustão.

Aquele amigo que tombou na delinquência provavelmente adiou a hora do crime quanto pôde.

Esse conhecido que se arrojou ao vício reagiu por muito tempo, não havendo conseguido superar a circunstância ingrata.

Estoutro cooperador que debandou da ação dignificante esforçou-se ao máximo das suas possibilidades, não logrando permanecer no trabalho.

Aqueloutro conhecido que se te fez adversário contumaz não teve valores morais para vencer as más inclinações.

As criaturas em queda merecem compreensão antes que censura.

Algumas gostariam de encontrar-se em situação melhor e não conquistaram os recursos para manter-se no bem.

Outras ainda lutam, intensivamente, sem que ninguém saiba.

Diversas têm sido heroínas anônimas, agora em fracasso.

Todas anelam pela oportunidade de soerguimento, embora nem sempre o demonstrem ou peçam ajuda.

◆

Fixa-te no lado positivo dos seres e olvida-lhes o outro.

Não os rechaces.

É fácil simpatizar com pessoas afáveis e úteis, sempre dispostas a ajudar e a servir.

Faz-se agradável a companhia de criaturas dignas, que conquistam sem esforço.

Mesmo estas, no entanto, têm problemas, só que os não conheces.

◆

A Terra é escola-hospital de aprendizes e enfermos da alma.

Não há ninguém que aqui se encontre em clima excepcional.

Inútil intentares conseguir a convivência com anjos, que aqui não se encontram reencarnados.

Da mesma forma que sofres, que tens limitações, que anelas pela paz e aguardas a felicidade, eles também, esses que compartilham das tuas horas e estão no teu caminho.

✦

Evita censurar as deficiências que observas no teu próximo.

Se não podes ajudar, silencia e desculpa, quando fores atingido pelas imperfeições deles.

Não te desalentem os fracassos que anotas no comportamento alheio.

Conheces a diretriz de segurança e te afeiçoas ao trabalho do bem.

Permanece, desse modo, confiante, voltando à gentileza para com todos.

◆

Sob qualquer esforço, retira mágoas e desencantos das tuas paisagens emocionais e recupera o otimismo, com o qual te emularás ao avanço e reconquistarás os que se afastaram, para que voltem à vida.

Jesus jamais desanimou, nunca recolheu ressentimentos, mesmo quando abandonado após a traição e *vencido* pela urdidura da mentira, a fim de tornar-se o Vencedor perene em todas as refregas.

7
Formas de ver

Cada qual enxerga uma paisagem conforme os seus recursos ópticos.

O daltônico vê as cores dentro de um prisma especial.

O míope tem a visão deformada em torno da realidade.

O presbitismo produz uma observação incorreta.

Qualquer deficiência ou anomalia na aparelhagem ocular responde pela dificuldade visual.

Não obstante, se o homem desconhece as formas e desde o início adquiriu a capacidade de observar dentro das deficiências, não logra imaginar a riqueza de detalhes, os contornos, a abundância das cores que maravilham a vida.

Uma partícula de dejeto sob a lente de um microscópio faculta descobrir-se uma paisagem estelar.

✦

Uma gota de orvalho na corola de uma flor faz-se delicado diamante sem engaste, a tremeluzir.

◆

Na área das observações morais, cada criatura tem a dimensão do fato de acordo com a óptica emocional e mental de que se utiliza.

Não é estranhável, portanto, que se defrontem pessoas que somente enxergam imperfeições, erros e mazelas...

Outras há que se capacitam a descobrir, em qualquer fato, apenas o seu ponto negativo e infeliz...

Algumas se caracterizam pela dúvida sistemática a respeito do caráter do próximo...

São inúmeras as conotações feitas em torno das criaturas, como decorrência da projeção pessoal, emersão do Eu *interior* que se torna a lente pela qual se *fitam* todos os acontecimentos.

♦

Consulta a consciência em todas as circunstâncias da tua vida.

Não ajas sob os impactos da emoção, confundindo capricho com raciocínio correto.

♦

Passa os teus planos e projetos pelo crivo da autocrítica e informa-te de como gostarias que o outro agisse em relação a ti, caso fosses o agressor, o infeliz perturbador...

Do mesmo modo, atua de consciência reta; no entanto, não te conturbes sob pontos de vista doentios, arrogantes, que te trarão dramas íntimos, agora ou mais tarde.

♦

Sejam os teus atos um reflexo da tua paz, que deves cultivar com os esforços de todo dia e os investimentos de toda hora.

◆

À frente de qualquer realização, conquista os que te buscam, pela bondade para com eles.

◆

Não deixes marcas negativas nos caminhos transitados ou nas pessoas que encontres, porquanto voltarás a defrontá-los.

◆

Luta contra as tuas más inclinações, para o teu próprio bem.

◆

Cada dia é um investimento novo da vida, de que terás que dar contas.

Quem empreende uma tarefa deve escolher a meta e avançar por conquistá-la.

Não para, não recua, não maldiz, não queixa.

Consciente do que deve e se propõe a fazer, sem tergiversações prossegue.

A forma de ver o fato é decorrência da capacidade de cada indivíduo.

◆

Coloca as lentes do amor sobre as tuas deficiências e observarás a vida, as pessoas e as coisas sob angulação feliz, num prisma rico de belezas, que te ensejará mais produzir, quanto mais te devotares ao compromisso.

8
Escravo por opção

Escravo, por definição, é todo aquele que depende; submisso; sem escolha; com a liberdade tolhida; "que está sujeito a um senhor"...

Normalmente a escravidão representa atraso cultural e ético, no qual o despotismo da força comanda, em detrimento dos valores da dignidade humana e dos direitos da criatura.

Em consequência, todo aquele que se encontra escravizado anela pela ruptura dos elos da grilheta infeliz.

◆

A escravidão gera o ódio, o desforço, fomenta a injúria e a traição.

Noutras formas de escravagismo em que a dependência denigre o caráter, o homem que tomba entrega-se, marchando para a loucura e a autodestruição.

Aí estão os agentes escravocratas, na forma das drogas alucinógenas responsáveis pela dependência emocional e orgânica, nas substâncias que dominam a vontade e reduzem o homem a ínfima condição.

Ao lado delas, o álcool, o fumo, o sexo em desalinho, o jogo, a usura constituem agentes de escravidão cruel que vence milhões de vidas e as ceifam impiedosamente.

◆

Há os escravos do luxo, do poder, das ambições desmedidas que se comprazem na sórdida submissão.

Também são numerosos os escravos da afetividade doentia, que se aprisionam a pessoas ou que as encarceram nas grades das suas paixões violentas.

◆

A escravidão grassa sob simulacros, cresce nos campos de trabalhos forçados, sob ações políticas arbitrárias, com disfarces de prazer, escamoteada pelo brilho mentiroso da ilusão...

❖

As leis vêm tentando libertar os escravos do mundo e procurando engrandecer o homem.

Organismos Internacionais se afadigam na luta pela liberdade dos povos.

Homens abnegados e missionários do bem multiplicam-se para erradicar da Terra a dependência degeneradora produzida por todas as drogas e agentes da loucura...

Respira-se a expectativa de uma era de liberdade pelo amor, quando as várias formas de escravidão forem banidas da Terra.

❖

Há uma escravidão-liberdade, resultado de livre opção da criatura.

Trata-se da escravidão a Cristo por amor.

Quem O conhece e O ama entrega-se-Lhe com dedicada fidelidade, buscando respirar-Lhe o clima psíquico no serviço de crescimento para Deus.

Aquele que se Lhe submete não deseja liberdade, porque escravidão com Ele é vida em abundância.

Quanto mais as forças diminuem, mais a ligação se torna poderosa.

O anseio de libertação dá-se de forma peculiar: gastar a vida, a fim de ganhar a Vida.

◆

Se já consegues incorporar Jesus aos teus pensamentos e hábitos, atendendo-Lhe as diretrizes e amando sem esforço, eis-te escravo d'Ele por livre opção, *perdendo* o mundo, porém *ganhando* a paz, já que o salário do *pecado* é a loucura, enquanto o soldo do serviço é a paz.

9
Companhia do amor

Somente vive acompanhado, realmente, aquele que ama.

◆

O amor, à semelhança do conhecimento, é um tesouro que mais se tem quanto mais se reparte.

◆

Ninguém fica em carência quando ama, quando ensina.

◆

O amor é igual a um espelho que reflete aquele que ama e, ao infinito, reflete todas as expressões de vida pujante.
Não obstante, as experiências do amor são solidárias, por isso que, ao expandir-se, primeiro felicita quem o irradia, sem que este tenha a pretensão de colher o retorno.

◆

Na área do amor, quanto em todos os campos da ação nobre da vida, é necessário primeiro dar, a fim de um dia receber.

◆

O amor é, por consequência, o mais precioso investimento até hoje conhecido.

Antes que dê os resultados a que se propõe, produz, no nascedouro, as excelências de que se reveste: bem-estar, paz e alegria.

◆

O amor não se queixa, não se impõe; é paciente e promissor.

Apesar de todos os seus predicados, não impede que o homem experimente os métodos que propiciam a evolução, dentre os quais o sofrimento, em forma de testemunhos, assim logrando atrair os indecisos e inseguros.

◆

Ninguém deve temer a experiência gratificante de amar, não se deixando impedir pelos obstáculos que se levantam de todo lado.

◆

Dize uma palavra gentil a alguém; expressa solidariedade com um gesto a outrem; coopera com um sorriso cordial em qualquer realização digna...

◆

Demonstra vida e sê afável com todos.

◆

Far-te-á um grande bem o ato de amar.

◆

Não aguardes, porém, que os outros te compartam as dores e provas, que são sempre pessoais, intransferíveis.

O melhor amigo e o mais caro afeto, por mais participem da tua aflição, não conseguirão diminuir a sua profundidade e crueza.

◆

Uma chama pintada, por mais perfeita, jamais terá o poder de atear o incêndio que uma insignificante fagulha produz.

◆

Na cruz, Jesus estava acompanhado por dois delinquentes. No entanto, cada um dos crucificados experimentava emoção própria...

◆

A bala que vitimou Gandhi alcançou-o, embora a multidão que o cercava.

◆

O veneno que Sócrates sorveu mataria qualquer um, todavia ele o tomou a sós.

◆

Os estigmas em Francisco de Assis provocavam comoção em todos, mas ele os sofria em solidão.

◆

O processo de ascensão libertadora é pessoal...

◆

Há os que carregam cruzes invisíveis, cercados de amigos e solitários na dor.

◆

Ama, desse modo, a fim de que se te faças solidário com esses corações solitários que avançam no rumo da felicidade, por enquanto sofridos e amorosos, ou carentes e necessitados.

◆

Sê tu aquele que ama e nada espera, felicitado pelo próprio amor que de ti se irradia abençoado.

10
Atitude silenciosa

Afirma velho refrão da sabedoria popular que "todo aquele que cala consente".

Nem sempre, porém, é assim.

✦

O silêncio pode significar mais do que anuência pura e simples.

✦

Há quem cale por temor, mesmo que discordando; outros silenciam para evitar contendas inúteis, e diversos indivíduos o fazem perseguindo interesses inferiores...

✦

Também se pode apresentar um tipo de silêncio dinâmico, que é sabedoria, quando os tolos palram ou os agressivos estridulam...

Caracteriza o profundo conhecedor de uma questão o seu silêncio, igualmente chamado "de ouro" pelo brocardo ancestral, que fala no momento em que é solicitado, ao mesmo tempo gerando esclarecimento e produzindo instrução.

Essa atitude, no entanto, exige equilíbrio e disciplina moral decorrentes da coragem que propicia autocontrole, superando as paixões mais rudes que se rebelam e pretendem competir, impor e conflagrar.

◆

Fala-se muito sem que se pense, e por isso os conflitos se apresentam em escala crescente, lançando as pessoas umas contra outras e perturbando o organismo social.

◆

O silêncio não deve significar mutismo constrangedor, atitude de indiferença ou de desprezo pelo interlocutor.

Referimo-nos à discussão vazia, ao debate infrutífero, às defesas desnecessárias quando ocorrem os bombardeios da insensatez.

✦

É mais fácil reagir, argumentando pelo espicaçar da vaidade ferida, ou graças aos espículos que se cravam no orgulho.

✦

Saber ouvir, ler com serenidade os ataques e difamações constitui comportamento estoico, que a todos cumpre assumir, a benefício próprio, do adversário e da paz entre todos.

Silencia o mal que te façam e age no bem que possas desenvolver.

Os teus atos possuem a voz que fala mais alto do que todas as tuas palavras.

Se os não respeitam, menos considerarão as tuas objurgações.

◆

Não passes recibo às provocações dos que se convertem em defensores da verdade, fiscais do dever alheio, donos de todo o conhecimento...

◆

Incorpora ao universo das tuas atitudes as palavras não ditas, desmentindo infâmias e acusações indébitas pela tua forma de ser e de te conduzires.

◆

O tempo urge e é precioso em demasia para que seja malbaratado.

◆

Não te tornarás melhor porque te elogiem ou concordem contigo. Da mesma forma, não te farás pior em face das injúrias e malquerenças que te cerquem os passos.

✦

Porfia no teu compromisso e aguarda o tempo, que é sempre o mesmo para todos, diferindo na forma como transcorre em relação a cada um.

✦

O codificador do Espiritismo, na defesa da Doutrina, jamais aquiesceu em participar das discussões estéreis e vazias. A cada agressão que merecia esclarecimento justo, sem qualquer ressentimento, ofereceu respostas que permanecem como páginas de luz pela sabedoria que encerram, demonstrando a excelência do Espiritismo mediante a robustez do seu conteúdo e a construção granítica das ideias argamassadas na filosofia ético-moral do Evangelho de Jesus, que a Ciência comprova experimentalmente, em todos os fatos, permanecendo como a mais sólida de quantas já apareceram, cada vez mais vigorosa, libertando consciências e sentimentos que projeta no rumo de Deus.

11
O reverso

Cada verso do Sermão da Montanha é um hino completo de exaltação a quem se entrega a Deus e n'Ele confia.

◆

A emotividade de Jesus desatou o poema das bem-aventuranças, endereçando aos tempos do futuro as regras de ouro para a aquisição da felicidade perfeita.

A síntese extraordinária chegou aos ouvidos da Humanidade como o mais completo discurso de esperança de que se tem notícia.

Toda uma eloquente dissertação, representativa das mais amplas aspirações humanas, ali se encontra exarada.

Todos quantos passaram sob o jugo da discriminação arbitrária, sofrendo as chuvas de sarcasmos e desaires, encontram na poesia lírica do Mestre o coroamento das suas lutas, se souberem conduzir os fardos das provações que lhes pesam sobre os sentimentos.

◆

Bem-aventurados são os mansos e os pacíficos, que atravessam o campo de batalha sem revidar aos golpes da violência.

◆

Bem-aventurados os pobres de espírito, que sabem reconhecer a condição redentora em que se encontram e não disputam as vãs posições do jogo perigoso da alucinação terrena.

◆

Bem-aventurados os que se humilham por amor e submissão às leis, sem permitir-se a indignidade nem a vulgarização moral às circunstâncias em que se encontram.

◆

Bem-aventurados os que têm fome e sede de justiça, não se rebelando ante as condições ignominiosas que lhes são impostas no trânsito carnal.

◆

Bem-aventurados os simples que se contentam com o ar, a paz e o pão da vida, sem os caprichos das ilusões passageiras que ocultam a realidade e não mudam o panorama íntimo.

◆

Bem-aventurados os puros de intenções, que não têm maldades, nem desconfianças, e caminham com entrega total a Deus, fiéis para sempre.

◆

São bem-aventurados os que choram sem reclamação, os que sofrem sem rebeldia...

◆

Cada verso é um símbolo da vitória do bem no sofrimento e do triunfo da luz na treva da ignorância.

Assim o disse Jesus.

◆

Há, porém, o reverso, o que ficou subentendido e não foi enunciado.

O reverso é a aflição demorada que carpirão os orgulhosos e os prepotentes ao darem-se conta da realidade, passada a rápida aventura do corpo físico.

O desencanto e a amargura que assaltarão aqueles que se utilizaram das leis, do poder e das circunstâncias para uso pessoal, enquanto as necessidades e a sujeição os observavam ansiosas, carentes.

Indescritíveis serão o despertar das consciências e o compreender da razão, por parte daqueles que viviam na fartura, saturados pelo prazer e insatisfeitos diante dos excessos...

◆

O Senhor jamais condenava, não se atribuindo qualidades de juiz das vidas, embora sendo o Educador e Magistrado por excelência, mantendo sempre uma posição de superior bondade, na qual se encontram a sabedoria e a misericórdia.

No entanto, aqueles que não estão catalogados no Sermão da Montanha são o reverso doloroso da Carta Magna que Ele endereçou à Humanidade.

◆

Observas com cuidado de que lado te situas ante a canção das bem-aventuranças: se estás no verso de luz e paz ou no reverso de sombra e dor.

12
Não te detenhas

A calúnia afetou o teu comportamento, desanimando-te, porque lhe deste ouvidos.

♦

A maledicência causou-te danos, porque lhe permitiste consideração.

♦

A perturbação alcançou os teus ideais, porque fizeste uma pausa para conceder-lhe cidadania.

♦

O ódio te macerou, porque o agasalhaste no amor-próprio ferido.

♦

A disputa desgostou-te o trabalho, porque te permitiste engalfinhar na peleja imprópria.

◆

A dúvida se estabeleceu em teus painéis mentais, porque paraste na ação, perdendo tempo de alto valor.

◆

Os acusadores estão sempre em faixa inferior de vibração.

Concedeste-lhes atenção demasiada, esperando que a opinião geral fosse a teu favor e descuraste de auscultar a opinião de Deus.

◆

Se trabalhas no bem e te acusam;

se és generoso e te denominam estroina;

se és humilde e te chamam parvo;

se és disciplinado e te apontam como rigoroso;

se és cumpridor dos deveres e te execram por isso;

se insistes na prece e na ação evangélica, e te menosprezam, esta é a opinião dos ociosos e dos fiscais da vida alheia, no entanto não é o conceito que de ti faz o Pai de Misericórdia.

◆

Não te detenhas.
Não te deixes afligir pelas opiniões desencontradas que te chegam, gerando sombra ou tumulto.

◆

Acata as sugestões que conclamam à ordem, que inspiram a paz e fomentam o progresso, sem extravagância nem acusação.
Sempre houve e haverá aqueles que produzem e aqueloutros que apenas opinam, acusam e perseguem.
Todos passam, mas a obra dos realizadores permanece, desafiadora, tempos afora, felicitando as vidas em nome do bem.

13
Carma de solidão

Caminhas, na Terra, experimentando carência afetiva e aflição, que acreditas não ter como superar.

◆

Sorris, e tens a impressão de que é um esgar que te sulca a face.

◆

Anelas por afetos e constatas que a ninguém inspiras amor, atormentando-te, não poucas vezes, e resvalando na melancolia injustificável.

◆

Planejas a felicidade e lutas por consegui-la, todavia, descobres-te a sós, carpindo rude angústia interior.

Gostarias de um lar em festa, abençoado por filhos ditosos e um amor dedicado que te coroassem a existência com os louros da felicidade.

Sofres e consideras-te desditoso.

♦

Ignoras, no entanto, o que se passa com os outros, aqueles que se te apresentam felizes, que desfilam nos carros do aparente triunfo, sorridentes e engalanados.

Também eles experimentam necessidades urgentes, em outras áreas, não menos afligentes que as tuas.

Se os pudesses auscultar, perceberias como te invejam alguns daqueles cuja felicidade cobiças...

A vida, na Terra, é feita de muitos paradoxos. E isto se dá em razão de ser um planeta de provações, de experiências reeducativas, de expiações redentoras.

Assim, não desfaleças, porquanto este é o teu carma de solidão.

Faze, desse modo, uma pausa nas tuas considerações pessimistas e muda de atitude mental, reintegrando-te na ação do bem.

O que ora te falta malbarataste.

Perdeste, porque descuraste enquanto possuías, o de que agora tens necessidade.

A invigilância levou-te ao abuso, e delinquiste contra o amor.

A tua consciência espiritual sabe que necessitas expungir e reparar o que te leva, nas vezes em que o júbilo te visita, a retornar à tristeza, rememorar sofrimentos, fugindo para a tua solidão...

Além disso, é muito provável que aqueles a quem magoaste, não se havendo recuperado, busquem-te, psiquicamente, assim te afligindo.

Reage com otimismo à situação e enriquece-te de propósitos superiores, que deves pôr em execução.

◆

Ama, sem aguardar resposta.

◆

Serve, sem pensar em recompensa.

◆

O que ora faças no bem atenuará, liberará o que realizaste equivocadamente e, assim, reencontrar-te-ás com o amor, em nome d'Aquele que permanece até agora entre nós como o Amor não Amado, porém, amoroso de sempre.

14
Oração plenificadora

A oração é o alimento da alma, como o pão o é para nutrir o corpo.

✦

Orar significa doar-se a Deus, abrindo-se-Lhe em totalidade, sem qualquer reserva.

✦

A oração não se reduz a pedidos e rogativas, mas sobretudo à glorificação e reconhecimento pelos dons da vida.

✦

O homem que ora se descobre, identificando-se com a criação.

✦

Há necessidade de orar em silêncio, evitando palavras cujos símbolos preocupam na verbalização sem expressar os sentimentos do coração.

✦

Quem ora se encontra, penetra-se, ao mesmo tempo se identificando com o Pai e todas as Suas criaturas.

✦

Como a criatura não se envergonha de comer, igualmente deve ter naturalidade para orar.

✦

Sem misticismos exteriores, a oração é comunicação íntima entre o homem e Deus.

✦

Quando os homens orarem sabendo da força que desencadeiam na edificação dos ideais de enobrecimento, a não violência governará as comunidades e as nações, produzindo a paz.

A oração é a linguagem que sensibiliza o Espírito e abre-lhe as portas da percepção.

♦

Sem a oração, ninguém colima os objetivos da elevação pessoal e do meio no qual se encontra.

♦

A oração ergue do fracasso; ajuda no perdão; apazigua as ansiedades.
É a antessala da ação, que predispõe à luta abnegada e sacrificial.

♦

Ora com a frequência com que te alimentas.

♦

Sem a oração interrompes o teu intercâmbio com o Pai.

◆

Ela se te transforma em alegria e te revigora para todos os embates.

◆

Sua vibração confunde o impiedoso e desperta-o para a razão.

◆

Convoca obreiros da caridade sem nome, que acorrem ao núcleo gerador donde se espraia.

◆

A alma sem a oração fenece, qual planta sem água...
Ora, portanto, quando te seja possível, especialmente transformando tua vida num ato de prece, que seja perene ação de bem.

Jesus demonstrou que orar é estar com Deus e a Humanidade ao mesmo tempo, pairando acima dos homens e vivendo com eles.

Gandhi, orando, comoveu o mundo e, livre como se fez, libertou o povo politicamente da dependência, ensinando-o a encontrar, orando na ação, o único meio de crescer e ser feliz, em liberdade interior, que somente raros homens lograram.

15
Erro e reabilitação

A Lei do Progresso, fomentando as inevitáveis conquistas do processo da evolução do homem e das comunidades, confirma a assertiva do Cristo, quando elucida que "o Pai não deseja a morte do pecador, mas, sim, a do pecado".

A herança ancestral, procedente das experiências primevas por onde transita o princípio espiritual, demora-se, em mecanismo atávico, jugulando o ser aos hábitos infelizes, que lhe constituem a natureza animal, inferior.

À força da educação e sob o império das necessidades de superar os sofrimentos e deles liberar-se em definitivo, somente assim galga os degraus do aperfeiçoamento moral, modificando o meio ambiente e as estruturas em que se apoia, gerando condições novas propiciatórias do próprio desenvolvimento.

A cultura e as artes, as ciências e a tecnologia vêm em seu apoio, promovendo os valores de que se utiliza e através dos quais conquista os títulos de enobrecimento e de paz.

Certamente, ainda não se vive, na Terra, uma sociedade justa, onde a miséria de vário porte haja cedido lugar à abundância, ou vigorem os direitos humanos. Igualmente, medeiam ainda muitos males, desde as contínuas ondas de violência promotora de guerras, como infortúnios que resultem da desatenção e desrespeito aos Superiores Códigos de equilíbrio que regem a vida.

✦

Sem embargo, muitos barbarismos, que eram habituais, e legislações vazadas na impiedade e na vingança vão cedendo lugar a conceitos mais compatíveis com os fenômenos psicológicos, sociais e econômicos que evitam os crimes.

Já se pode sentir o esforço quase generalizado de povos e nações que estabelecem leis de respeito mútuo, como organizações que propugnam por uma Humanidade mais feliz, na qual os seus direitos sejam reconhecidos, assim como os seus deveres sejam cumpridos.

De passo em passo, de experiência em experiência, o progresso moral firma as suas bases, abrindo campo para tentames mais expressivos, portanto, relevantes.

◆

Combate o erro, onde quer que o encontres; no entanto, enseja ao errado a lição educativa.

◆

Insurge-te em atitude contrária ao crime; não obstante, corrige o criminoso.

◆

Opõe-te à violência; mas, acalma o violento.

✦

Reage ao mal de qualquer procedência; entretanto, não te esqueças de socorrer os maus com a tua bondade.

✦

Arrebenta as algemas da ignorância onde se manifeste; todavia, esclarece a vítima necessitada.

✦

Arranca a máscara da hipocrisia onde quer que se apresente; porém, socorre aquele que lhe padece a sanha.

✦

Acusar por acusar ou perseguir por perseguir não resolve o problema que inquieta as criaturas.

O cristão, em geral – e o espírita, em particular –, faz mais: ajuda o caído, ao mesmo tempo que invectiva contra os fatores e circunstâncias responsáveis pela sua queda.

◆

Ninguém combate as pragas de uma seara a fim de condená-la ao abandono.

◆

Não é justo apontar enfermidades sem cuidar dos doentes em aflição.

◆

A atitude correta diante do mal é a prevalência do bem, assim como deve ser o comportamento do crítico, do acusador: a de amparo total e indiscriminado ao equivocado, ao infeliz.

◆

Jesus, que não concordava com o erro em situação nenhuma, jamais deixou de educar, atender, socorrer e amparar os que haviam tombado nas malhas intrincadas da delinquência.

Vigilante e operoso, todo o Seu Ministério é um poema de compreensão e fraternidade com os miseráveis, sem que jamais se vinculasse à miséria.

E o fazia, porque o Pai deseja a salvação do ímpio, ao mesmo tempo que a impiedade deixe de existir no homem.

16
Fracasso pela dúvida

Em inúmeras construções da vida, a dúvida se afigura como uma atitude sadia, objetivando compreender, mediante a penetração nas suas causas, os fenômenos que defronta.

A investigação científica não pode prescindir da dúvida sobre os seus resultados, até o momento em que os fatos demonstram a própria robustez.

No campo filosófico, as várias correntes de estudos partem da dúvida para novos conceitos de mais amplas informações.

A dúvida sistemática, injustificável, no entanto, reflete o desequilíbrio da razão com o comprometimento da emoção.

◆

No que se refere às atividades espirituais, nenhuma demonstração de laboratório ou formulação de lógica jamais atestou a destruição da vida inteligente através da morte. Pelo contrário, todos os acontecimentos são uma clara afirmação da sobrevivência do Espírito ao corpo, assim como sobre a sua preexistência a ele.

De certo modo, pessoas inconstantes em todas as suas realizações sempre fogem dos deveres assumidos, exculpando-se com a dúvida, que não é dirimida por falta de persistência na busca e vivência da ideia espiritual que abandonam.

◆

O paciente que duvida da própria recuperação torpedeia com a mente pessimista os fatores que propiciam a saúde e, embora sob tratamento, piora de situação.

◆

O lutador que duvida do êxito na batalha encetada perde, por antecipação, grande número de combates.

◆

O agricultor que duvida das bênçãos que pode recolher do solo descuida-se e é malsucedido na plantação.

◆

O empresário que duvida dos resultados do empreendimento em programação desmotiva-se com cedo e, porque não persiste, é dominado pelo desastre.

◆

A dúvida resulta, às vezes, da acomodação ao que já se sabe, armando-se um esquema contrário, embora inconsciente, contra as ideias novas, os fatos recentes.

◆

No que tange, porém, à Vida espiritual e à interferência dos desencarnados nas atividades humanas, todas as informações procedem da história dos tempos, hoje atualizadas pela Doutrina Espírita, lídima herdeira do pensamento do Cristo, que o apresenta límpido e destituído de quaisquer místicas, enxertias e deturpações de que padeceu através do tempo...

◆

Examina com independência de opinião o que se te apresenta e busca as fontes do Espiritismo, a fim de discernires com acerto em torno das questões da fé e do comportamento.

◆

As Leis de Deus são perfeitas.
A Sua providência é misericordiosa.

◆

Ninguém que se encontre esquecido ou em orfandade espiritual.

Libera-te dos mesquinhos conflitos da dúvida mórbida e atormentante, abrindo-te à crença racional que te fará descortinar os horizontes infinitos a serem conquistados.

♦

Grande sofrimento é o gerado pela descrença.

♦

Por fim, recorda-te da advertência de Jesus a Tomé, quando redivivo surgiu no Cenáculo e afirmou ao discípulo duvidoso: – *Bem-aventurados aqueles que não viram e creram...*

17
Sempre em paz

A violência que tumultua os homens e o aturdimento que toma conta dos quadrantes da Terra, dando gênese à loucura que se generaliza, decorrem, inicialmente, da agressividade íntima, que se demora no mundo pessoal de cada criatura, produzindo desequilíbrio e infelicidade.

Certamente, a provocação do mal engendra reações inesperadas, sustentando o desespero e conduzindo a estados agressivos, todavia, tal ocorre porque encontra matrizes íntimas no homem que, em si mesmo, vive infeliz.

Por isso, enunciou Jesus: – *Vigiai e orai, a fim de não cairdes em tentação* –, concitando-nos ao equilíbrio e à perseverança no dever.

◆

Sejam quais forem as circunstâncias difíceis em que te sintas envolvido, mantém a tua paz.

◆

Atua com severidade, porém evita a rudeza.

◆

Exerce a disciplina, sem que derrapes na violência.

◆

Promove a educação, não te permitindo a agressividade.

◆

Tudo quanto fizeres, faze-o em paz.

◆

Maltratado ou sofrido, preserva a paz a qualquer preço, de modo a fruíres depois o prazer da serenidade.

◆

Em todas as circunstâncias Jesus manteve-se ameno, em serenidade integral.

◆

Paz é irrestrita confiança em Deus.

◆

Conserva, desse modo, a tua tranquilidade e coopera em favor do bem geral, não engrossando as fileiras dos reclamadores, dos violentos, dos insensatos.

◆

A tua paz fala pela tua vida, tanto quanto a tua vida se refletirá em volta, conforme a tua conduta em conflito ou em paz.

18
Discernir e agir

O tirocínio para discernir o bem do mal dá a medida do conceito filosófico que cada um abraça; no entanto, só a vivência do bem por eleição espontânea caracteriza o progresso moral do homem.

Medeia um espaço largo de conduta moral entre saber e vivenciar.

◆

Conhecer ou discernir o que é de acordo com as Leis de Deus daquilo que lhe é contrário representa uma grande conquista intelectual, cultural; sem embargo, a aplicação do conhecimento na conduta expressa a verdadeira aquisição desse valor.

◆

Em todas as criaturas existe, mesmo que em estado embrionário, o lampejo do que é certo em detrimento daquilo que é errado, exceção feita somente aos portadores de doenças mentais graves.

✦

Nas faixas mais primitivas, o homem, por instinto, elabora o seu código de ética, em que os princípios morais constituem a regra básica da sua conduta, do seu bem viver.

Quanto mais avançado em progresso moral o indivíduo, em consequência, mais civilizado se faz.

Não nos referimos à civilidade decorrente dos hábitos adquiridos formalmente, mas daqueles que são conforme as Leis do Amor, as Leis Naturais, portanto, as Leis de Deus.

Eles se expressam mediante o respeito à vida em todas as suas manifestações, à natureza e à criatura, como efeito compreensível do respeito a Deus, essencial e primeiro em toda e qualquer cogitação.

Quem assim procede torna-se homem de bem, a quem repugna o mal, tudo fazendo por evitá-lo, e, quando não o consegue, minora-lhe os resultados infelizes.

◆

Se já podes desculpar o ofensor, estás melhor do que ele.

Desde que perdoas o agressor, encontras-te em situação mais confortável do que a dele.

Como procedes com natural correção, enquanto enxameiam as oportunidades do vício e da insensatez, possuis a condição moral do bem.

◆

Constrangido à luta, porém agindo com benignidade, logras a conduta superior.

◆

Repartindo os dons da bondade e expressando-a em forma de generosa cooperação mediante moedas, esforços pessoais e abnegação desinteressada, já desfrutas da condição intrínseca do bem.

✦

O bem não pode ser uma posição decorativa, um adorno da personalidade, e sim uma posição dinâmica, otimista, que muda as estruturas e o comportamento pernicioso que conspira e atua contra as forças vivas e pulsantes da vida.

✦

Não te refugies no descuramento infeliz, em relação à tua permanência no mal.

✦

Combate com firme decisão o estacionamento no erro, no orgulho, na paixão.

✦

Conquista virtudes, mas vence os vícios.

O tempo é precioso contributo para a evolução, que não pode ser malbaratado pela acomodação, nas complexas engrenagens do mal a que te aferras.

◆

Sabendo discernir o bem do mal, não relaciones os erros alheios; age com acerto.

◆

O problema da consciência é individual. Quando esta se banha da claridade do amor sob a inspiração do bem, faz-se rigorosa para consigo mesma, desculpando os outros, que não dispunham dos valores para o crescimento conforme já ela os possuía, não aplicando a força moral para se promover na escala dos valores legítimos.

◆

Identifica, portanto, o bem, vivendo-o e liberando-te do mal.

19
Porta de acesso à vida

Em se considerando os atavismos ancestrais, os tabus e crendices, os mistérios e superstições que a envolviam, é natural que a morte se apresentasse como a indesejável manifestação do fim da vida, gerando temor e produzindo desequilíbrios.

Inclusive, o equivocado conceito religioso a respeito da morte, após a qual a inexorável adaga da justiça tombaria, impiedosa, separando as criaturas e arrojando-as a lugares definitivos, sem a menor possibilidade de recuperação, quando condenadas, ou de amparo aos afetos da retaguarda, quando premiadas, igualmente contribuiu para a mitização e afirmação do sobrenatural a respeito desse fenômeno biológico inevitável, que enseja o acesso à verdadeira vida.

O avanço das ciências tem demonstrado que nada se acaba, sendo a transformação um fenômeno presente em todas as formas da Natureza.

Por que o homem deveria extinguir-se, quando em todo lugar *morre* uma expressão orgânica para ressurgir noutra?

A mediunidade, em todas as épocas, documentou o prosseguimento da vida, quando ocorre a transformação do corpo, na consumpção tumular.

A documentação é vastíssima e continuada em todos os tempos, desde as épocas mais recuadas.

Com o advento do Espiritismo, porém, e a explicação das Leis que regem a Vida, a imortalidade se torna a mais alta conquista do ser, demonstrando que ao corpo preexiste um mundo causal, gerador do Espírito, donde ele vem e para onde ele retorna.

Demitizada a morte, a paisagem imortalista altera-se profundamente.

O homem colhe conforme semeia, sendo feliz ou desventurado de acordo com os atos praticados.

Seja, porém, qual for a situação em que estagie o ser espiritual como decorrência das próprias ações, a presença do amor em toda parte constitui a mais confortadora demonstração da Paternidade Divina, ensejando reparação dos erros e crescimento para a felicidade.

◆

Considera a morte como fenômeno natural da vida.

◆

Pensa na morte como planejas o comportamento na vida.

Estabelece o teu programa humano, tendo em vista a interrupção que a morte pode provocar.

◆

Morrer é trasladar-se de situação vibratória, sem transferir-se de realidade emocional.

Todavia, se alguém querido antecipou-te na viagem de acesso à Vida plena, agradece pela sua libertação.

◆

O corpo é um cárcere, não raro abençoada escola de evolução.

A morte é a liberdade.

Indispensável, no entanto, viver de tal forma, que a morte se transforme em conquista de paz.

Assim, recorda os amores que desencarnaram, com ternura e festa no coração.

◆

Não te amargures pelo que poderias ter feito e não fizeste, pelo que gostarias de haver-lhes doado e não tiveste ensejo.

Ama-os com enternecimento, recordando-os com carinho, certo de que eles te ouvem, te veem, participam das tuas alegrias e dores.

✦

Se os amas, não lhes envies mensagens deprimentes, fazendo tudo para que te saibam ditoso, a fim de avançarem e poderem aguardar-te em paz, reatando os liames, momentaneamente interrompidos, mas não destruídos.

Ora por eles e recorda-os na ação do bem a que te dediques.

✦

Quem O visse na cruz humilhante e O fitasse na agonia da morte, não imaginaria que logo depois, nimbado de mirífica luz, Ele voltaria, ressurrecto e vivo, confirmando a imortalidade em triunfo confortador.

Foi necessária, no entanto, a tarde do Calvário, a fim de que ocorresse a madrugada da Ressurreição.

A morte, portanto, é porta de acesso à vida, que todos atravessarão no rumo da perene alegria.

20
Natal de ação

Quando Jesus nasceu, os valores éticos haviam sido substituídos pela hegemonia da força, que dominava, gerando aflições em toda parte.

Os direitos humanos, desprezados, permitiam que a criatura valesse menos que um animal de carga, animais a que se viam reduzidos os que tombavam nas armadilhas da astúcia, da delinquência e da guerra.

O mundo era um burgo do Império Romano, que se estendia praticamente por toda a terra conhecida.

◆

Jesus chegou e modificou as estruturas do comportamento social, criando um conceito surpreendente de vida, que deu margem ao surgimento do homem integral.

Estabeleceu a ética do amor, fundamentada no dever e na disciplina, demonstrando que o poder da força nada logra, senão amontoar cadáveres e deixar rastros de destruição...

Comprovando a anterioridade do ser ao corpo e a sua sobrevivência à morte, edificou um reino nos corações, capaz de resistir a todas as conjunturas.

Seu verbo, sustentado pelo combustível do exemplo, penetrava nos ouvintes como uma luz que jamais se apagaria, traçando rotas de segurança para todo o sempre.

Quem O ouvisse não permaneceria indiferente: amava-O ou detestava-O.

Arrebatou multidões que se sucederam, espraiando pelos quadrantes do globo terrestre uma onda de esperança.

◆

É verdade que as circunstâncias e as ocorrências atuais são mui semelhantes àquelas, às do Seu tempo.

Ao lado das conquistas tecnológicas surgem os decepcionantes resultados éticos, na vastidão da miséria moral, social e econômica que consome as criaturas...

Todavia, nunca foi tão marcante a presença de Jesus, no mundo, quanto agora.

✦

Descrucificado, Ele inspira homens e instituições à mudança de comportamento, alterando as propostas filosóficas da sociedade, que se deve tornar mais justa e equânime em relação aos sofredores que enxameiam em toda parte.

Demitizado, Ele participa das lutas daqueles que O amam, impulsionando-os à ação transformadora de urgência, em prol de um mundo melhor.

Sua Mensagem vibra em inúmeras mensagens que proclamam a necessidade da paz, da não violência, do amor.

Ele age através de incontáveis mãos que se transformam em alavancas de progresso, não se permitindo a paralisia nem a indiferença ante a fraqueza dos vencidos e a pequenez dos oprimidos.

◆

Une a tua às vozes do bem que instalam a era da fraternidade entre os homens.

◆

Segue laborando com os que arrebentam as algemas do conformismo em favor dos caídos e dos desditosos.

◆

Não te permitas a inação, que é a morte da alma.

◆

Atua com os teus recursos, modestos que sejam, em favor do homem, esse sublime investimento da Divindade, auxiliando-o a adquirir dignidade e valor, metas que o Evangelho propõe a todos os de boa vontade, sobre os quais pairará a paz na Terra e fora dela.

✦

Comemora o Natal do Cristo, repartindo amor e esperança, trabalho e fraternidade com as demais criaturas, confirmando, dessa forma, que Ele já nasceu em ti, e age com a elevação que O caracterizou quando aqui esteve no passado.